Comme un écrivain indépendant

Loi sur la Copie privée : inconstitutionnelle ou gestion illégale ?

Du même auteur*

Certaines œuvres sont connues sous différents titres.

Romans

La Faute à Souchon : (Le roman du show-biz et de la sagesse)
Quand les familles sans toit sont entrées dans les maisons fermées
Liberté j'ignorais tant de Toi (Libertés d'avant l'an 2000)
Viré, viré, viré, même viré du Rmi !
Ils ne sont pas intervenus (Peut-être un roman autobiographique)

Théâtre

Neuf femmes et la star
Les secrets de maître Pierre, notaire de campagne
Ça magouille aux assurances
Chanteur, écrivain : même cirque
Deux sœurs et un contrôle fiscal
Amour, sud et chansons
Pourquoi est-il venu :
Aventures d'écrivains régionaux
Avant les élections présidentielles
Scènes de campagne, scènes du Quercy
Blaise Pascal serait webmaster
Trois femmes et un Amour
J'avais 25 ans
 « Révélations » sur « les apparitions d'Astaffort » Brel Cabrel

Théâtre pour troupes d'enfants

La fille aux 200 doudous
Les filles en profitent
Révélations sur la disparition du père Noël
Le lion l'autruche et le renard,
Mertilou prépare l'été
Nous n'irons plus au restaurant

* extrait du catalogue, voir page 52

Stéphane Ternoise

Loi sur la
Copie privée :
inconstitutionnelle
ou
gestion illégale ?

Sortie : 10 novembre 2013

Jean-Luc PETIT Editeur - collection opinions
livrepapier.com

Stéphane Ternoise
versant
auto-édition :

http://www.auto-edition.com

Tout simplement et logiquement !

Site officiel : http://www.ecrivain.pro

Loi sur la
Copie privée : inconstitutionnelle
ou
gestion illégale ?

7

Abidjan : construire

Présentation

Consommateurs, nous payons très cher pour la copie privée... mécanisme censé soutenir les créateurs... Mais dans le domaine de l'écrit, un livre publié par Lagardère bénéficie de la rémunération pour *Copie Privée* ; un livre publié par Stéphane Ternoise, non !

Pour qu'une loi puisse être déclarée non conforme à la Constitution, il faut qu'elle soit présentée au Conseil constitutionnel.
Il suffit donc de léser des citoyens invisibles et silencieux pour imposer l'illégal !
Ou alors : pour appliquer une loi illégalement, il suffit de s'asseoir autour d'une table entre membres d'une oligarchie et prétendre représenter l'ensemble de la profession ?

« La rémunération pour copie privée des œuvres bénéficie à parts égales aux auteurs et aux éditeurs » encadre la loi. Donc l'auteur-éditeur devrait toucher les deux parts ? Non !
La Sofia, l'organisme gestionnaire, réclame un contrat d'édition, exclusion de la profession libérale auteur-éditeur ; le travailleur indépendant ne se signe pas de contrat mais gère sa petite entreprise. C'est ainsi depuis 1985 !

La loi sur la Copie privée respecte la Constitution française ?

La loi est illégale ou la Sofia l'applique illégalement ? Ou ? Aucune réponse sur ce sujet...

Enquête. Questions. Attente de réactions.

Stéphane Ternoise
http://www.ecrivain.pro

Pro mais non respecté.

Depuis 1985...

Depuis 1985, lorsque nous achetons des supports vierges (et même du matériel servant à copier de la musique et des images) nous subissons une taxe, dite "redevance pour copie privée", censée rémunérer équitablement les auteurs, les éditeurs, les interprètes et les producteurs des œuvres que ces supports permettent de copier.

Pourtant, certains, bien qu'ils soient également créateurs d'œuvres copiables, ne reçoivent rien... car leur statut (profession libérale) est refusé par l'organisme gestionnaire...

La loi fut-elle écrite par les installés, pour les installés ?
Cette loi de 1985 est-elle conforme à la Constitution française ?

Ou des installés se sont approprié la loi ?

Oui, une loi non conforme à la Constitution française peut être appliquée... Si elle n'est pas soumise au Conseil Constitutionnel...
Il suffit que les lésés soient silencieux. Et dans ce pays, où médias, politiques et oligarchie se tiennent par la barbichette, il semble facile d'occulter les indépendants... Les vrais indépendants...

Certes, les industriels dont les produits sont très chers à cause de cette taxe s'indignent parfois... Espèrent parfois sa censure par l'Europe. Qu'ils saisissent le dossier du côté de son inconstitutionnalité probable (oui, j'ajoute probable, tant qu'elle n'a pas été soumisse au Conseil Constitutionnel sous cet angle, il convient d'apporter une touche de conditionnel)

Depuis plus de 25 ans cette loi est une fierté de la gauche, avec Jack Lang héros de la culture...

La présentation officielle

192 Millions d'euros perçus en 2011 (129 millions en 2008... secteur en pleine croissance...)

Plus de 200 000 artistes (créateurs et interprètes) bénéficient d'une partie de cette somme... plus ou directement (48 Millions d'euros consacrés à l'action artistique, avec 5 000 manifestations soutenues)

Qui sont les grands bénéficiaires ? Dans le monde du livre, principalement les éditeurs ! Et ils s'expriment peu... sauf quand le mécanisme est en danger où ils appellent "les créateurs" à pétitionner (et certains adorent cela).

Version officielle d'une grande et belle idée dont ont su profiter les installés pour asseoir leur pouvoir (priver d'argent les indépendants pour les contraindre à abdiquer, abandonner totalement ou rejoindre "le système") :

La rémunération pour copie privée, contrepartie financière de l'exception pour copie privée...

Compenser financièrement le préjudice subi par les titulaires de droits d'auteur et de droits voisins afin de maintenir l'exception de copie privée au bénéfice du consommateur, tel est l'objectif du système de la rémunération pour copie privée.

L'exception pour copie privée, faculté accordée à l'acquéreur légitime d'une œuvre, couvre tout acte de copie d'une œuvre sur un autre support, pour son propre usage. Cette exception est une restriction apportée au droit de reproduction de l'auteur ou du titulaire de droits voisins d'interdire ou d'autoriser une « copie » de son œuvre ainsi que le droit d'en percevoir, en contrepartie, une juste et équitable rémunération.

Le législateur, en 1985, conscient de l'impossibilité technique de contrôler chaque acte de copie réalisé par le consommateur, a décidé d'instituer un système conciliant la possibilité pour le consommateur de réaliser des copies privées et la rémunération de l'activité créatrice de l'auteur.

La loi du 4 juillet 1985 (gouvernement Laurent Fabius, sous la présidence Mitterrand François ; Ministre de la Culture Jack Lang, depuis le 7 décembre 1984, après avoir hérité des mêmes compétences à la formation du gouvernement le 20 juillet 1984 mais avec un titre de "Ministre délégué") a instauré une commission indépendante, composée de représentants des redevables et des bénéficiaires, dont la mission consiste à déterminer les modalités de mise en œuvre de la rémunération pour copie privée.

L'évolution des techniques de copie et des supports d'enregistrement a entraîné une augmentation des pratiques de copie et par là même, une extension du champ de la rémunération...

Le rôle de la commission est d'apprécier au mieux l'évolution des pratiques de copie privée et des supports d'enregistrement afin de déterminer la juste compensation du préjudice subi par les titulaires de droits.

Les montants collectés au titre de la rémunération sont reversés à hauteur de 75% aux bénéficiaires.
La rémunération pour copie privée contribue également au dynamisme culturel et au développement de l'activité créatrice en France ; 25% des montants perçus au titre de la rémunération sont dédiés à des actions d'intérêt culturel.

[ils osent l'expression « actions d'intérêt culturel » quand il s'agit pour des installés de se partager la galette ; intérêt culturel de qui ?]

En 2008, 43 millions d'euros ont été utilisés à

des actions d'aide à la création, à la diffusion du spectacle vivant, à des actions de formation des artistes ainsi qu'au parrainage de manifestations culturelles telles que le festival d'Avignon, les Francofolies de la Rochelle ou encore la quinzaine des réalisateurs de Cannes.
http://www.copieprivee.culture.gouv.fr/spip.php?article 5&artsuite=0

Pour les livres, 75% des sommes collectées reviennent aux auteurs ? Mais non, elles passent par une société de gestion, administrée à parité par les auteurs et les éditeurs... Quant au "dynamisme culturel", même si en 2013 il pourrait être assuré par les écrivains indépendants, les 25 % ne leur sont pas destinés...

Une association "La culture avec la copie privée"

Les installés tiennent à leur gâteau… au nom naturellement d'une certaine exception française… et se moquent bien des vrais indépendants exclus !

40 organisations ont ainsi lancé en 2007 une « opération commune en direction du grand public afin de mieux le faire connaître. » Naturellement, aucune trace du mépris de certains écrivains… Ces organisations ont créé en 2008 une association de lobbying, "La culture avec la copie privée"), le site copieprivee.org, réalisé un clip « et un film sur les 25 ans de soutien à la création grâce à la copie privée en 2010. »

« Le but de cette démarche commune est de souligner le rôle d'un dispositif qui reste mal connu du grand public, et qui pourtant participe de manière essentielle à la préservation de la diversité culturelle et de la vitalité artistique de notre pays (et des pays européens qui l'ont adopté). »

La diversité culturelle, à condition qu'elle soit contrôlée !

L'association est actuellement présidée par le réalisateur Christophe Barratier : « La copie privée est un élément essentiel à la rémunération des créateurs et au financement de la vie culturelle de notre pays car 25 % des sommes perçues sont réservées à des actions d'intérêt général, alimentant de nombreuses structures (centres de formation, festivals, salles de spectacles, orchestres, etc.) et permettant à des artistes de se faire connaître ou de mener à bien leur projet… la suppression de la redevance, ou sa réduction serait une vraie catastrophe pour les créateurs, les professionnels et le public. »

Des actions d'intérêt général, de l'intérêt d'installés surtout...

Intéressant : au 4 juillet 2011, les membres du conseil d'administration de cette association sont : Adami, Adagp, Arp, Procirep, Sacd, Sacem, Saif, Scam, Sofia, Spedidam, Sppf, Unaf.

Membre de la sacem, je suis représenté ?

Partout où la sacem s'introduit, ce ne sont pas 150 000 membres qu'il faut voir, mais moins de 5000, ceux de l'oligarchie qui y ont confisqué le pouvoir, grâce à un statut de membres définitifs, professionnels... et larbins... Les justes bons à signer des pétitions quand les riches se sentent menacés...

Donc 75% des sommes collectées sont reversées aux ayants droit... et non aux créateurs...

La culture confisquée...

Versant littéraire du mécanisme... La France s'honore d'aider les écrivains aussi par la rémunération pour la copie privée.

Mais les portes du gestionnaire de cette manne financière, de la Société Française des Intérêt des Auteurs de l'écrit (SOFIA), sont fermées aux écrivains indépendants, pourtant professionnels de l'édition, déclarés en profession libérale, auteur-éditeur.

Pourquoi ? Notre chère notion de justice s'arrête là où débutent les intérêts des installés ? Faut-il tout mettre en œuvre pour pérenniser un système où l'écrivain laisse 90% du prix d'un livre aux intermédiaires car « *l'éditeur fait la littérature* » (Aurélie Filippetti, 28 juin 2012) ?

Le SNE (Syndicat National de l'Edition, officiellement ; alors qu'il s'agit plus du Syndicat National des Editeurs Traditionnels) dirige l'édition en France ? Aucun état d'âme chez les parlementaires ?

Naturellement, le grand public ignore TOUT de cette cuisine interne au monde de l'édition. La révolution numérique peut permettre un véritable séisme mais depuis des années les écrivains indépendants subissent une organisation peu propice à leur développement.

L'information peut scandaliser des lectrices et lecteurs ?
Un petit pavé (un livre court mais précis) sur les belles devantures du monde officiel des lettres... Oui, c'est ainsi, dans la justice et l'équité, que se partage l'argent de la culture.

La loi...

Article L311-7 du Code de La Propriété Intellectuelle

« *La rémunération pour copie privée des œuvres visées au second alinéa de l'article L 311-1 bénéficie à parts égales aux auteurs et aux éditeurs.* »

Article L311-1

« *Cette rémunération est également due aux auteurs et aux éditeurs des œuvres fixées sur tout autre support, au titre de leur reproduction réalisée à partir d'une source licite, dans les conditions prévues au 2° de l'article L. 122-5, sur un support d'enregistrement numérique.* »

Si dans la loi de 2003 sur le PRET EN BIBLIOTHEQUE l'existence du contrat d'édition encadre une partie de l'article L133-1, celle sur la copie privée n'en fait pas mention.
Pourtant la Sofia l'exige.
Loi non conforme à la constitution, ou application illégale de la Sofia dirigée de fait par les éditeurs traditionnels ?

Article L133-1

« *Lorsqu'une œuvre a fait l'objet d'un contrat d'édition en vue de sa publication et de sa diffusion sous forme de livre, l'auteur ne peut s'opposer au prêt d'exemplaires de cette édition par une bibliothèque accueillant du public.*

Ce prêt ouvre droit à rémunération au profit de l'auteur selon les modalités prévues à l'article L. 133-4. »

Sur quel texte se base la Sofia pour exclure l'auto-édition de ce mécanisme ? Questionnée par mail début novembre 2013, elle n'a pas encore répondu (naturellement, je m'engage à publier dans une mise à jour de ce livre leurs explications)

Bonjour,

Les auteurs-éditeurs (auto-édition, profession libérale) ne peuvent pas devenir membres de la Sofia ("Peut adhérer à Sofia tout auteur d'un ouvrage publié à compte d'éditeur").
Si pour la rémunération du droit de prêt en bibliothèque, la loi stipule l'exigence d'un contrat à compte d'éditeur (le travailleur indépendant ne se signe pas de contrat), au sujet de la Rémunération pour copie privée, il me semble que l'auteur-éditeur devrait y avoir droit :

L'Article L311-1 du CPI stipule « Cette rémunération est également due aux auteurs et aux éditeurs des œuvres fixées sur tout autre support, au titre de leur reproduction réalisée à partir d'une source licite, dans les conditions prévues au 2° de l'article L. 122-5, sur un support d'enregistrement numérique. »

L'Article L311-7 précise « La rémunération pour copie privée des œuvres visées au second alinéa de l'article L 311-1 bénéficie à parts égales aux auteurs et aux éditeurs. »

Auteur-éditeur de 16 livres en papier, auteur-éditeur d'une centaine de livres numériques, pouvez-vous me confirmer que vous me refusez tout droit à la rémunération pour copie privée ? Et sur quels critères ?

Amitiés

Stéphane Ternoise
www.ecrivain.pro

Trois collèges composent la commission pour la rémunération de la copie privée. Un arrêté du 15 décembre 2009 détermine la composition de cette commission.

Les auteurs, les artistes interprètes, les producteurs de phonogrammes et de vidéogrammes et les éditeurs de l'écrit et de l'image, qui sont les bénéficiaires de la rémunération disposent de la moitié des sièges au sein de la commission, soit 12 voix.

Ils se sont regroupés au sein de quatre sociétés de gestion collective selon la nature de l'œuvre copiée :

- la copie privée audiovisuelle est représentée par Copie France (5 représentants),
- la copie privée sonore par SORECOP (5 représentants),
- la copie privée de l'écrit par SOFIA (1 représentant),
- la copie privée des arts visuels par SORIMAGE (1 représentant).

Les fabricants et importateurs de supports, qui acquittent la rémunération, détiennent 6 sièges et sont représentés par le SECIMAVI, le SIMAVELEC, le SNSII, l'Alliance-Tics, la FFT et la FEVAD (1 siège chacun).

Les consommateurs disposent de 6 sièges et sont représentés à raison d'un siège par association, par l'APROGED, l'ASSECO-CFDT, l'UNAF, la FFF, Familles rurales et la CLCV.

La présidence est assurée par un représentant de l'État, M. Raphaël Hadas-Lebel, président de section honoraire au Conseil d'Etat.

http://www.copieprivee.culture.gouv.fr/spip.php?article1

Qui de la loi ou de son application doit être dénoncé ? Mesdames, messieurs les parlementaires, à vous de vous exprimer.

La Sofia, acte d'adhésion, novembre 2013

« Du fait même de mon adhésion :
Je fais apport en gérance, pour tous pays et pour la durée de la Société, sur toutes mes œuvres créées et futures faisant l'objet d'un contrat
d'édition, des droits suivants :
- rémunération au titre du prêt en bibliothèque,
- rémunération pour copie privée numérique,
- droit de location,
- sommes en provenance du Centre Français d'exploitation du droit de Copie. »

http://www.la-sofia.org/sofia/webdav/site/Sofia/shared/Adh%C3%A9sion % 20auteur/Acte_Adhesion_Auteur21sept12.pdf

STATUTS

« 3.2 Les apports de droits portent exclusivement sur des œuvres faisant l'objet d'un contrat d'édition, quel que soit leur genre, notamment littéraire, scientifique, technique, scolaire, pratique, artistique, théâtral, poétique, documentaire, photographique, de bande dessinée et quel que soit le support sur lequel elles sont diffusées. »

25

Précisions :

« Peut adhérer à Sofia tout auteur d'un ouvrage publié à compte d'éditeur, ou d'un article dans un périodique, ou d'une œuvre diffusée sur un site Internet, ou d'une contribution significative à une œuvre ou à un programme multimédia.
Pour adhérer, merci de nous retourner l'acte d'adhésion téléchargeable ci-après complété et signé, accompagné des pièces suivantes :

- la liste de vos œuvres déjà éditées. Postérieurement à votre adhésion, vous voudrez bien nous adresser une fiche de déclaration d'une nouvelle œuvre à l'occasion de toute nouvelle publication,
- la photocopie d'une pièce d'identité,
- un chèque de 38 euros si vous avez choisi de régler votre part sociale immédiatement,
- le cas échéant, justificatifs de dispense de précompte Agessa et de renonciation au régime de retenue de TVA. »

http://www.la-sofia.org/sofia/auteurs-illustrateurs-coauteurs.jsp

Répartition pour "le livre"

Pour le Livre, en vertu d'un protocole d'accord signé le 25 octobre 2005 avec l'ADAGP, la SACD, la SAIF et la SCAM pour la gestion de la part du livre de la rémunération pour copie privée, Sofia perçoit les sommes correspondantes auprès de SORECOP et de COPIE France. Un groupe de travail qui rassemble les sociétés d'auteurs signataires décide, sur la base d'enquêtes d'usage, de répartir les sommes revenant aux auteurs, Sofia faisant son affaire de celles revenant aux éditeurs.
Ainsi, les études périodiquement réalisées par un institut spécialisé (en l'occurrence, Médiamétrie), auprès de plus de 9000 répondants, permettent de déterminer les catégories d'œuvres copiées et, par voie de conséquence, le nombre de bénéficiaires, en fonction des effectifs d'ayants droit revendiqués par chaque société

http://www.la-sofia.org/sofia/copie-privee-numerique.jsp

Ces gens-là considèrent l'auto-édition indigne de leur intérêt ?

La répartition de la rémunération pour copie privée

La rémunération est perçue puis répartie entre les ayants droit par les sociétés de perception et de répartition des droits (SPRD).

Dans le cadre de la rémunération pour copie privée, les SPRD se sont regroupées en quatre sociétés en fonction du type d'œuvres concernées : Sorecop, Copie France, Sorimage et Sofia. Puis chaque société répartit entre ses sociétaires le montant de la RCP leur correspondant « à raison des reproductions privées dont chaque œuvre fait l'objet ».

Une clé de répartition est établie à l'article L. 311-7 du CPI entre les ayants droit en fonction du type d'objet protégé.

Pour les phonogrammes, la rémunération perçue bénéficie pour moitié aux auteurs, pour un quart aux producteurs et pour un quart aux artistes Interprètes. Pour les vidéogrammes, elle bénéficie pour un tiers aux auteurs, un tiers aux artistes interprètes et un tiers aux producteurs.

Quant aux œuvres de l'écrit et de l'image fixées sur un support d'enregistrement numérique, la rémunération est répartie à part égale entre les auteurs et les éditeurs.

http://www.copieprivee.culture.gouv.fr/spip.php?article3&artsuite=2 (rubrique Missions)

La SOFIA

« *La Sofia, Société Française des Intérêts des Auteurs de l'écrit, est une société civile de perception et de répartition de droits, administrée à parité par les auteurs et les éditeurs dans le domaine exclusif du Livre. Seule société agréée par le ministre chargé de la Culture pour la gestion du droit de prêt en bibliothèque, la Sofia perçoit et répartit le droit de prêt en bibliothèque. Elle perçoit et répartit également, à titre principal, la part du livre de la rémunération pour copie privée numérique.* »

Copie privée et gestion du droit de prêt en bibliothèque, même adresse, même combat, donc. Avec depuis 2013 en plus "les indisponibles du vingtième siècle"... à quand la gestion collective obligatoire ? (vous croyez cette phase déplacée ? Alors je vous donne à méditer : « *la gestion collective obligatoire est un recours imparable, mais elle ne sera pas mise en place avant 2012-2013…*» Son auteur et le contexte ? Quand Hachette Livre et Google ont signé un protocole d'accord pour la numérisation, par Google, d'œuvres indisponibles du catalogue Hachette, Vianney de la Boulaye, directeur juridique de Hachette Livre, fut interrogé par Amélie Blocman pour Légipresse n° 278 - décembre 2010... déclarations analysées dans "*écrivains, réveillez-vous !*")

Les auteurs peuvent adhérer à la Sofia :
« *Pour percevoir les droits gérés par Sofia dans les conditions les plus favorables,*
- Pour recevoir régulièrement une information utile sur toutes les évolutions concernant le droit d'auteur et les actions conduites en votre faveur auprès des pouvoirs publics,
- Pour faire entendre votre voix dans la seule société qui réunisse à parité auteurs et éditeurs et qui prenne des initiatives communes au plan politique et juridique pour la défense de vos droits. »

Contre un chèque de 38 euros l'auteur obtiendra une part sociale. Mais il doit avoir publié à compte d'éditeur...
Quant aux éditeurs ils doivent présenter des contrats d'édition pour adhérer. Ce qui semble exclure "en douceur" la catégorie des auteurs-éditeurs indépendants !

La Société Française des Intérêt des Auteurs de l'écrit (SOFIA) fut créée en février 2000 par le SNE (Syndicat national de l'édition... j'insiste : Syndicat national des éditeurs classiques semblerait plus précis) et la SGDL (Société des gens de lettres de France... gens de lettres passés par un contrat à compte d'éditeur).

Les rapprochements éclairent parfois, comme des lapsus officiels. SOFIA.

Sofia, capitale de la Bulgarie, Sofia, l'une des grandes villes de l'Histoire de la dictature communiste. Il fallait être du parti ou ne pas exister. Qui a décidé d'un tel acronyme ? Des nostalgiques d'un système où il était facile d'exclure tout déviant qui refusait le moule réaliste-socialiste ? Ils se sont imposés en douceur les apparatchiks dans nos démocraties, où l'on fait carrière dans le grand parti des installés qui se tiennent par la barbichette médiatique et les généreuses subventions. Nos apparatchiks sont les membres d'un système culturo-politico-administratif, ils profitent de leur rang, leur situation, pour asseoir leur légitimité, leur ascendant, s'enrichir. Et ce fut une grande réussite, "personne" ne s'imagine en effet que certains écrivains sont privés de ce financement. S'ils en sont privés, c'est qu'ils ne sont pas de vrais écrivains. Les écrivains doivent se soumettre à l'organisation oligarchique et capitaliste de l'édition française ! Et seuls les médiocres ou aigris contesteront ce choix « pragmatique. » C'est ainsi ! Point !

Une réponse de la Sofia...

Le 3 juillet 2012 :

Bonjour,
Je vous confirme que les livres autoédités n'entrent dans le cadre du droit de prêt. Ils ne sont pas déclarés par les bibliothèques et donc pas rémunérés.
Le contrat d'édition est indispensable.
Je vous précise qu'à ce jour seuls les livres en version papier sont pris en compte.
Cordialement,

Réponse au message du 20 juin 2012 :

Bonjour,

Auteur-éditeur professionnel (numéro Siret, charges Urssaf, Rsi, BNC...), je ne touche actuellement aucun "droit de prêt."

Merci de m'indiquer de quelle manière je peux y prétendre (14 livres en papier et une soixantaine en numérique)

Naturellement, Auteur-éditeur, je ne signe pas de contrats d'édition.

Une phrase m'inquiète
"*Tous les éditeurs cessionnaires de droits d'exploitation d'œuvres peuvent adhérer à*

Sofia sur justification de l'existence de contrats d'édition.
http://www.la-sofia.org/sofia/editeurs-de-livres.jsp
"

Elle semblerait signifier que les indépendants sont exclus de la gestion du droit de prêt.

Est-ce le cas ?

Amitiés

Stéphane Ternoise
www.ecrivain.pro

Etonnant, non ? Sur le PRET EN BIBLIOTHEQUE et son Article L133-1 « *Lorsqu'une œuvre a fait l'objet d'un contrat d'édition en vue de sa publication et de sa diffusion...* », la Sofia répond, tandis que sur la Copie Privée, rien. La société aurait-elle conscience d'avoir "outrepassé" la loi ?

Puisse quelques députés et sénateurs s'interroger également...

Des artistes pour la propagande du système Copie Privée

Naturellement pour sa propagande, la structure de la copie privée vous offre les témoignages d'apparatchiks enthousiastes. Un petit air d'union soviétique dans cette kulture officielle

Déclaration d'installés :

Christophe Barratier
Auteur, réalisateur, producteur
Président de l'association "La culture avec la copie privée"
« *Si la création française en musique et cinéma se passe bien, c'est en partie grâce à l'intelligence de ce système...* »
La création française en musique et cinéma se passe bien ? Avec des œuvres formatés par la télévision !

Emmanuel Demarcy-Mota
Metteur en scène, directeur du Théâtre de la Ville, Paris
« *C'est très important quand on démarre une première aventure, de savoir à quelle porte on peut frapper, la copie privée en est une...* »
Une première aventure ? Quand on est la fille ou le fils de ?

Florence Aubenas
Journaliste, écrivain, lauréate du Prix Joseph Kessel 2010
« *Ce mécanisme est astucieux, généreux et utile...* »
Peut-être n'avez-vous pas très bien étudié la copie privée pour vous exprimer ainsi madame Aubenas...

Thomas Enhco
Compositeur, interprète de jazz
« *Tout ce que je fais, je pourrais le relier peu ou prou à la copie privée qui m'a permis de réaliser mon 1er album quand j'avais 16 ans...* »

A 16 ans... Qui c'est ce type pour obtenir de l'argent public dès 16 ans ? Un génie ? Wikitruc : « *Issu d'une famille d'artistes renommés - il est notamment le petit-fils du chef d'orchestre Jean-Claude Casadesus -, Thomas Enhco fait ses premiers pas en musique dès l'âge de trois ans par l'apprentissage du violon puis par celui du piano, à six ans...* » La fille de Cabrel, les fils de Souchon, Dutronc, Voulzy, Chédid sont les bienvenus ?

Alexis HK
Auteur, compositeur, interprète de chanson française
« *Sur le dernier album que j'ai sorti, j'ai*

vraiment été dès le départ très très bien aidé par la copie privée... »

Baya Kasmi
 Scénariste et réalisatrice
« Sans des aides comme la copie privée, on aurait tendance à faire que du commercial, à faire ce qui est facile... »
Parce qu'avec les aides, ils ne pataugent pas dans le commercial pour la télé !

Alain Chamfort,
Compositeur, auteur, interprète et administrateur de la Sacem
« La copie privée est un soutien primordial aux créations nouvelles comme au spectacle vivant. Ces festivals, qui nous permettent de présenter notre travail sur scène, ont besoin d'être alimentés par cette rémunération ».

Bertrand van Effenterre
Réalisateur français
« Quand j'étais petit, à l'école, on était puni si on copiait sur son voisin... Aujourd'hui, on nous dit que la copie, c'est légal... Bizarre, non ? Et bien justement non, parce qu'il y a « la copie privée »... Et la copie privée, c'est un truc formidable qui rémunère ceux qu'on a copiés (auteur, producteur et acteur) et qui, en plus, est la principale source de financement de la création vivante... Alors pour tous ceux qui ont été punis à l'école... (et

pour les autres aussi, bien sûr !) copions en toute légalité et battons-nous pour que la copie privée dure »

Certains sont copiés sans contrepartie, ça ne vous dérange pas M. Bertrand van Effenterre ?

Jean-Pierre Lang
Auteur-compositeur-interprète

« Ne laissons pas la Commission européenne supprimer la copie privée, ne laissons pas s'accomplir cette manœuvre irresponsable dont les dommages, dans les troubles que nous traversons par ailleurs, seraient irréversibles. Je pense que c'est vraiment le moment pour chacun d'entre nous, non seulement de défendre la Copie Privée, aujourd'hui en cause dans son principe comme dans son fonctionnement, mais aussi d'adopter plus généralement une attitude de cohésion massive avec l'ensemble des Sociétés d'Auteurs qui, dans ce domaine comme dans bien d'autres concernant notre survie, sont au cœur du commun »

Oui, son principe comme dans son fonctionnement... Son fonctionnement est tellement injuste que finalement s'il n'est pas réformable sa disparition est préférable...

Laurent Petitgirard

Compositeur et chef d'orchestre, président du Conseil d'Administration de la Sacem 2003-2005, 2007-2009, 2011- 2013 (assemblée en juin) :

« Le dispositif de copie privée est un élément essentiel à la protection des créateurs auxquels il assure une rémunération pour les copies de leurs œuvres réalisées par les particuliers pour leur usage personnel. C'est l'honneur des auteurs, des compositeurs, des éditeurs, des artistes-interprètes et des producteurs que de participer activement au développement de la culture et à la promotion de leurs métiers puisque 25 % des sommes perçues au titre de la rémunération pour copie privée sont investis pour soutenir la filière. »

L'un des premiers responsables du salaire exorbitant de Bernard Miyet le grand chef de notre sacem...

En janvier 2009, on apprenait que Pascal Nègre, le PDG d'Universal Music France, Bernard Miyet, président du directoire de la Sacem, et Laurent Petitgirard, président du conseil d'administration de notre Sacem, étaient décorés des insignes de chevalier de la Légion d'honneur lors de la promotion du Nouvel An. Quel aveu oligarchique... mais naturellement, il convenait d'applaudir...

Claude Lemesle
Auteur, également plusieurs fois président du Conseil d'administration de la Sacem
« La redevance pour copie privée compense en partie – et en partie seulement – le manque à gagner subi par les créateurs et leurs partenaires éditeurs lors de la copie privée de leurs œuvres. Elle est donc juste puisqu'elle est destinée à réparer un préjudice indiscutable porté à leurs rémunérations. Elle est aussi indispensable dans notre pays car les 25 % réservés à des actions d'intérêt général, et prévus par le Code de la propriété intellectuelle, alimentent de très nombreuses structures (centres de formation, festivals, salles de spectacles, orchestres, etc…) où tout le vivier créatif de la musique française. »

Jean-Marie Moreau
Auteur de chansons, vice-président en exercice du Conseil d'administration de la sacem
*« La rémunération pour copie privée est une réponse intelligente aux nouvelles technologies : elle satisfait les exigences légitimes des consommateurs et compense, en partie, la perte subie par les créateurs, les interprètes et les producteurs.
Bien expliquée, elle doit être comprise et acceptée par tous car, pratiquement indolore pour le consommateur, elle permet d'apporter une rémunération indispensable aux créateurs*

et une aide financière conséquente au secteur culturel. Au moment où la filière musicale subit de plein fouet les ravages de la piraterie et de la contrefaçon »

« Bien expliquée, elle doit être comprise et acceptée par tous » ? Bien expliquée, elle doit être refusée par tous !

La sacem a envoyé ses poids lourds ! Il ne manque que Francis Cabrel et Richard Seff ! Membre de la sacem, je touche effectivement via ce biais une "rémunération pour copie privée"... à peu près équivalente à l'argent subtilisé par la sacem en frais généraux sur mes droits !
Cette Copie Privée sert finalement à payer les frais généraux de la sacem !
A quand le retour à l'ambition Mitterrandienne de nationaliser la sacem ? Avec désormais pour une gestion dématérialisée et de service public des droits d'auteur ?

Alain Prévost
« Un monde sans copie privée serait un monde où la cigale dirait à la fourmi : Que faisiez-vous au temps chaud ? Vous copiez ?...et bien, pleurez maintenant ! Sans copie privée nous priverions la création, l'imagination, et la liberté de rester au pouvoir. »

Trouvé via google « *Alain Prévost alias* Passe-Temps *dans Fort Boyard.* »

Kathleen Evin
Productrice à *France Inter*, administratrice Scam. *« Les industriels veulent la suppression de la redevance pour copie privée pour augmenter encore plus leurs bénéfices. En effet, la simple comparaison du taux de pénétration des lecteurs MP3 en France et en Allemagne (où existe une rémunération pour copie privée) et en Grande Bretagne (où elle n'existe pas) démontre clairement que ce système est sans effet sur le chiffre des ventes, tout à fait similaire. En revanche, chacun peut comprendre ce que la disparition des sommes ainsi collectées représenterait pour la création artistique dans notre pays* »

Aucun écrivain dans leurs exemples. Pourtant des écrivains dévorent une bonne galette... mais la sacem semble s'être installé en leader...

Propos puisés sur leur site copieprivee.org

Les parlementaires

Que les éditeurs traditionnels aient souhaité organiser la filière livre à leur profit, en décidant le plus possible des marges accordées aux libraires, en contrôlant la distribution et en tenant les écrivains, les nourrissant de miettes, peut se comprendre. Non s'excuser ! Mais pour ce dossier, la loi fut du côté des plus forts. Députés et sénateurs ignoraient les conséquences ? Ils ignorent l'existence d'écrivains indépendants ? Ils ignorent que bien plus d'écrivains seraient indépendants sans verrouillage de l'accès aux médias, donc au grand public ? Ils ignorent qu'ils ont été élus pour voter des lois justes et non des lois favorables aux installés ?

Autre loi, récente, mais déclaration forte : le 19 janvier 2012, lors de la séance consacrée à l'étude du texte sur "l'exploitation numérique des livres indisponibles du XXe siècle", Lionel Tardy lançait à l'Assemblée : « *ce texte, que l'on sent écrit par les éditeurs, pour les éditeurs.* » Mais le député, pourtant l'un des rares élus à comprendre les enjeux de l'ebook, n'a sûrement pas jugé la nouvelle atteinte aux écrivains assez profonde pour désavouer son parti. (voir *Écrivains, réveillez-vous ! - La loi 2012-287 du 1er mars 2012 et autres somnifères* de Stéphane Ternoise)

A retenir : « *ce texte, que l'on sent écrit par les éditeurs, pour les éditeurs.* » Ce résumé aurait-il pu être prononcé au sujet du texte organisant la rémunération pour la copie privée ?

Son homologue, David Assouline, au Sénat, s'exclamait, lors des débats sur le prix unique du livre « *Il est incompréhensible que les éditeurs nous disent que, s'il y a une économie de coût, les auteurs n'ont pas à bénéficier d'une rémunération digne et équitable ! Là où le marché du livre numérique s'impose, les économies sont importantes. (...) Avec le livre numérique, l'éditeur touchera sept fois plus que l'auteur !* » (29 mars 2011)

Un avocat, peut-être...

Cette loi est appliquée. Gauche droite pour la voter. Gauche droite pour l'appliquer. Son application me semble pourtant contraire au principe d'égalité des citoyens. Mais cette impression n'a aucune valeur juridique : il existe des procédures précises pour abroger une loi...

Simple écrivain, je suis donc remonté à l'article premier de la Déclaration de 1789 (depuis la décision du 16 juillet 1971, elle fait partie du "bloc de constitutionnalité" auquel le Conseil constitutionnel français confronte les lois qu'il a à examiner), affirmant « *les hommes naissent et demeurent libres et égaux en droit. Les distinctions sociales ne peuvent être fondées que sur l'utilité commune* ». L'article 6 dispose que « *la loi doit être la même pour tous.* » Mais le Conseil constitutionnel a estimé que « *le principe d'égalité ne s'oppose ni à ce que le législateur règle de façon différente des situations différentes ni à ce qu'il déroge à l'égalité pour des raisons d'intérêt général pourvu que, dans l'un et l'autre cas, la différence de traitement qui en résulte soit en rapport avec l'objet de la loi qui l'établit.* » (7 janvier 1988)
Les éditeurs traditionnels représentent l'intérêt général ? Surtout face aux écrivains indépendants qui prétendent vivre

modestement de leur petite plume ! Exclure un statut social (profession libérale auteur-éditeur), est-ce respecter la Constitution ?

Le Conseil ne pouvant se saisir d'une loi, certains textes peuvent ne pas lui être soumis. Toutes les lois ne sont donc pas validées par le Conseil Constitutionnel... donc si les lésés n'ont pas les moyens de se faire entendre de députés et sénateurs, c'est compliqué...

Jusqu'en 1946, aucun contrôle de la conformité des lois à la Constitution n'existait en la France. La loi, expression de la souveraineté du peuple, ne pouvait être contestée juridiquement. (le comité constitutionnel de la IVe République relevait plus de l'apparat, tant ses pouvoirs restaient limités)

La Ve République a instauré le Conseil constitutionnel. Un contrôle nécessitant la saisine du président de la République, du Premier ministre, du président de l'Assemblée nationale ou du Sénat. Ce qui limitait sa capacité de regard.

En 1974, la saisine à la demande de 60 députés ou de 60 sénateurs devenait possible. L'opposition pouvait alors intervenir...

La révision constitutionnelle du 23 juillet 2008

accorde à tout justiciable le droit de contester, devant le juge en charge de son litige, la constitutionnalité d'une disposition législative applicable à son affaire parce qu'elle porte atteinte aux droits et libertés que la Constitution garantit.
Il s'agit alors de présenter une "question prioritaire de constitutionnalité."
C'est donc à l'occasion d'un procès devant une juridiction administrative ou judiciaire, qu'une telle procédure doit être lancée... Il me faudrait lancer un procès contre la Sofia ?

Quand il est saisi, le Conseil constitutionnel examine la conformité de la loi avec le bloc de constitutionnalité (la Constitution, son préambule, celui de la Constitution de 1946, la Déclaration des droits de l'homme de 1789).

La distorsion de concurrence entre les auteurs-éditeurs et les éditeurs classiques me semble peu justifiable.

Je ne suis pas avocat. L'approche juridique d'un avocat est indispensable. Ou celle de parlementaires qui auraient une très haute estime de leur rôle devant l'histoire ? Ou un parlementaire-avocat ?
Un livre, c'est également une nouvelle possibilité pour rendre visible, audible, ce qui est bien caché par les installés. Tout est possible...

Faute de pouvoir m'exprimer à l'Assemblée, c'est devant les canards que j'ai prononcé « en excluant la profession libérale auteur-éditeur du droit à rémunération de la Copie Privée, la France se déshonore, apporte une nouvelle preuve que ses élus sont au service d'une oligarchie et non des citoyens... »

L'amendement Ternoise n'est sûrement pas pour 2014 !

Canards du Quercy

Un climat anti indépendants en France

Cette loi sert également à maintenir un état d'esprit anti indépendants dans le pays. Ainsi les bibliothèques achètent "peu" l'auto-édité. Je peux même citer un département où la Bibliothèque Départementale de Prêt consacre l'ensemble de son budget aux achats via les "marchés publics", où les libraires sont privilégiés...

J'ai dénoncé en 2004 : suivant les nouvelles procédures décrétées par le Conseil général, la Bibliothèque départementale de prêt du Lot (Place des Consuls 46000 Cahors) n'a « *aucune marge de manœuvre* ». (180 000 euros destinés aux « marchés publics »)

Ni Gérard MIQUEL, président, ni Gérard AMIGUES, l'adjoint à la culture, n'ont depuis daigné répondre ! Ce dernier ne comprend pas pourquoi je ne l'apprécie guère...

Avant, la BDP du Lot achetait aux indépendants... elle possède ainsi mes premières publications...

Au niveau de la région Midi-Pyrénées, Martin Malvy utilise le même genre de petite phrase pour exclure les indépendants des bourses d'écrivains, et de l'ensemble des aides du Centre régional des Lettres. *Quand Martin Malvy publie un livre : questions de déontologie* se place dans les pas de « *l'auteur doit avoir publié au moins un livre à compte d'éditeur (sous forme imprimée).* » Un indépendant doit se suicider pour montrer qu'il existe ?

Comme un écrivain indépendant

Un débat, au moins...

Puisse au mois ce livre susciter un débat. Ni le temps ni les moyens d'ester en justice ! Depuis sa promulgation, cette loi a exclu des écrivains, sans qu'ils aient la possibilité, de porter à la connaissance du grand public cette pratique.
Écrivain indépendant, je m'engage, également dans l'indépendance des écrivains !

Mais l'auteur, qui plus est peu médiatisé (indépendant donc peu médiatisé) ne peut espérer déplacer des montagnes, pas même changer le sens du vent qui active les girouettes.

Ce qui devait être écrit est désormais publié. Un billet de loterie sur la possibilité d'une prise de conscience...

Stéphane Ternoise

Stéphane Ternoise est né en 1968. Il publie depuis 1991. Il est depuis le premier jour éditeur indépendant.

15 de ses livres sont disponibles en papier dos carré collé "tirage de masse" (2500 maxi).

La Révolution Numérique, le roman, le combat, les photos, 2013

Théâtre pour femmes, 2010

Ils ne sont pas intervenus (le livre des conséquences), roman, 2009

Théâtre peut-être complet, théâtre, 2008

Global 2006, romans, théâtre, 2007

Chansons trop éloignées des normes industrielles et autres Ternoise-non-autorisé, 2006

Théâtre de Ternoise et autres textes déterminés, 2005

La Faute à Souchon ?, roman, 2004

Amour - État du sentiment et perspectives, essai, 2003

Vive le Sud ! (Et la chanson... Et l'Amour...), théâtre, 2002

Chansons d'avant l'an 2000, 120 textes, 1999

Liberté, j'ignorais tant de Toi, roman, 1998

Assedic Blues, Bureaucrate ou Quelques centaines de francs par mois, essai, 1997

Arthur et Autres Aventures, nouvelles, 1992

Éternelle Tendresse, poésie, 1991

D'autres livres en papier :
http://www.livrepapier.com

Versant numérique...

http://www.ecrivain.pro essaye d'être complet, avec un "blog" (je préfère l'expression "une partie des chroniques"). Mais il ne peut naturellement pas copier coller l'ensemble des textes présentés ailleurs. En ebooks, mes principales publications peuvent se diviser en trois "domaines" : romans, essais, pièces de théâtre (il existe aussi des recueils de chansons et des livres de photos de présentation du Sud-Ouest).

Comprendre le développement numérique de la littérature m'a permis d'obtenir les sites :

http://www.romancier.net

Peut-être un roman autobiographique y est à la une. Ce sont les lectrices et lecteurs qui décident de la vie d'une œuvre. Ce roman bénéficie d'excellentes critiques, régulières... mais ventes lentes ! Un roman sûrement plus difficile d'accès que la moyenne. Pour un lectorat exigeant. La formation d'un écrivain ? La résilience, passée par l'amour, les amours.

http://www.dramaturge.net

Mes pièces de théâtre sont désormais parfois jouées. Elles sont toutes disponibles en ebooks.

http://www.essayiste.net

Le monde de l'édition décrypté, comme dans *Écrivains, réveillez-vous !* - *La loi 2012-287 du 1er mars 2012 et autres somnifères ou Le livre numérique, fils de l'auto-édition.* *Mais aussi l'amour analysé dans une perspective stendhalienne avec création du concept de sérénamour, Amour - état du sentiment et perspectives* et la politique nationale, ses grandes tendances, ses personnages principaux...

Catalogue numérique :

Romans :
Ils ne sont pas intervenus (le livre des conséquences) également en version numérique sous le titre *Peut-être un roman autobiographique*
La Faute à Souchon ? également en version numérique sous le titre *Le roman du show-biz et de la sagesse (Même les dolmens se brisent)*
Liberté, j'ignorais tant de Toi également en version numérique sous le titre *Libertés d'avant l'an 2000)*
Viré, viré, viré, même viré du Rmi
Quand les familles sans toit sont entrées dans les maisons fermées
Ebook : trois romans pour le prix d'un livre de poche

Théâtre :
Théâtre peut-être complet
La baguette magique et les philosophes

Quatre ou cinq femmes attendent la star
Avant les élections présidentielles
Les secrets de maître Pierre, notaire de campagne
Deux sœurs et un contrôle fiscal
Ça magouille aux assurances
Pourquoi est-il venu ?
Amour, sud et chansons
Blaise Pascal serait webmaster
Aventures d'écrivains régionaux
Trois femmes et un amour
La fille aux 200 doudous et autres pièces de théâtre pour enfants
Révélations sur les rencontres d'Astaffort...
Théâtre 7 femmes 7 comédiennes - Deux pièces contemporaines
Théâtre pour femmes
Pièces de théâtre pour 8 femmes
Onze femmes et la star
Ebook pas cher : 15 pièces du théâtre contemporain
pour le prix d'un livre de poche

Photos :
Montcuq, le village lotois
Cahors, des pierres et des hommes. Photos et commentaires
Limogne-en-Quercy Calvignac la route des dolmens et gariottes
Saint-Cirq-Lapopie, le plus beau village de France ?
Saillac village du Lot
Limogne-en-Quercy cinq monuments historiques cinq dolmens

Beauregard, Dolmens Gariottes Château de Marsa et autres merveilles lotoises
Villeneuve-sur-Lot, des monuments historiques, un salon du livre... -Photos, histoires et opinions
Henri Martin du musée Henri-Martin de Cahors - Avec visite de Labastide-du-Vert et Saint-Cirq-Lapopie sur les traces du peintre

Essais :

Écrivains, réveillez-vous ! - La loi 2012-287 du 1er mars 2012 et autres somnifères
Le livre numérique, fils de l'auto-édition
Amour - état du sentiment et perspectives
Le guide de l'auto-édition numérique en France (Publier et vendre des ebooks en autopublication)
Réponses à monsieur Frédéric Beigbeder au sujet du Livre Numérique (Écrivains= moutons tondus ?)
Comment devenir écrivain ? Être écrivain ! (Écrire est-ce un vrai métier ? Une vocation ? Quelle formation ?...)
Ebook de l'Amour

Chansons :

Chansons trop éloignées des normes industrielles
Chansons vertes et autres textes engagés
68 chansons d'Amour - Textes de chansons
Chansons d'avant l'an 2000
Parodies de chansons
 De Renaud à Cabrel En passant par Cloclo et Jacques Brel

En chti :

Canchons et cafougnettes (Ternoise chti)
Elle tiote aux deux chints doudous (théâtre)

Politique :

Ce François Hollande qui peut encore gagner le 6 mai 2012 ne le mérite pas (Un Parti Socialiste non réformé au pays du quinquennat déplorable de Nicolas Sarkozy)

Nicolas Sarkozy : sketchs et Parodies de chansons

Bernadette et Jacques Chirac vus du Lot - Chansons théâtre textes lotois

Affaire Ségolène Royal - Olivier Falorni Ce qu'il faut en retenir pour l'Histoire - Un écrivain engagé, un observateur indépendant

Autres :

La disparition du père Noël et autres contes

J'écris aussi des sketchs

Vive les poules municipales... et les poulets municipaux - Réduire le volume des déchets alimentaires et manger des œufs de qualité

Œuvres traduites :

La fille aux 200 doudous :
- *The Teddy (Bear) Whisperer* (Kate-Marie Glover) - Das Mädchen mit den 200 Schmusetieren (Jeanne Meurtin)

- Le lion l'autruche et le renard :
- How the fox got his cunning (Kate-Marie Glover)

- Mertilou prépare l'été :
- The Blackbird's Secret (Kate-Marie Glover)

- *La fille aux 200 doudous et autres pièces de théâtre pour enfants (les 6 pièces)*
- La niña de los 200 peluches y otras obras de teatro para niños (María del Carmen Pulido Cortijo)

Catalogue complet des livres de Stéphane Ternoise sur http://www.ecrivain.in et les plateformes qui le distribuent.

Les romans (http://www.romancier.org):

Le Roman de la Révolution Numérique

2013. Un roman toujours invisible, absent des chroniques littéraires, car comme le résume Alain Beuve-Méry, « *Tout dépend de la maison d'édition dans laquelle vous êtes édité, et du travail fait en amont par les attachés de presse auprès des journalistes et des jurés littéraires.* » Il fut sous-titré "Hors Goncourt 2013." Car l'auteur connaît le système ! C'est d'ailleurs cette France de l'édition le décor principal, avec Kader Terns, le premier "auteur" français ayant annoncé « *j'ai vendu 10 000 ebooks sur Amazon.fr* ». Après son "incroyable succès", le petit caïd du 9-3 était descendu dans le Lot pour m'y rencontrer. Je devais rédiger ses mémoires, statut peu glorieux du nègre. Il faut bien bouffer !

Ils ne sont pas intervenus (le livre des conséquences)

Le cinquième roman, aussi le plus personnel, avec quelques clés de l'enfance...
La lutte contre le déterminisme familial et social...

C'est sous le titre *Peut-être un roman autobiographique* que ce texte a trouvé un véritable public en numérique, surtout sur Amazon.

Viré, viré, viré, même viré du Rmi !

Un court roman, social, librement inspiré de ma période rmiste, avec même quelques documents officiels du système administratif français.

Quand les familles sans toit sont entrées dans les maisons fermées

Roman se déroulant dans le sud-ouest de la France, où de nombreuses résidences secondaires sont "revitalisées" par des jeunes sans toit. Roman social mais aussi une histoire d'Amour, avec la mystérieuse Séverine, venue d'un pays de l'Est en croyant posséder un visa d'étudiante mais tombée dans une filière...

La faute à Souchon ?

Le roman le plus commenté. Même une lettre recommandée de l'avocat de Francis Cabrel et Richard Seff...
Que vivre quand, à vingt-cinq ans, *la vie professionnelle* devient invivable ? L'Amour ?
Du passé... et pourtant quand aux *rencontres d'Astaffort*, apparaît Marjorie... Astaffort ?
Reflet de la variété, réussite marketing de Francis Cabrel ou chance pour les créateurs ?... Et Alain Souchon, omniprésent, ou presque, symbole d'une époque...

Libertés d'avant l'an 2000 (version 1 : Liberté, j'ignorais tant de Toi)

Un roman pour comprendre une époque. Où même les mots perdent leur sens. Une époque où seuls les installés pouvaient agir mais ne le souhaitaient pas, préféraient profiter des avantages en essayant de les transmettre à leurs enfants.

Vos notes...

Mentions légales

Tous droits de traduction, de reproduction, d'utilisation, d'interprétation et d'adaptation réservés pour tous pays, pour toutes planètes, pour tous univers.

Site officiel : http://www.ecrivain.pro

Présentation des livres essentiels :
http://www.utopie.pro

Papier ou pixels ?
http://www.livrepixels.com
http://www.livrepapier.com

ISBN 978-2-36541-465-4
EAN 9782365414654

Dépôt légal à la publication au format ebook du 9 novembre 2013.

Imprimé par CreateSpace, An Amazon.com Company pour le compte de l'auteur-éditeur indépendant.
livrepapier.com

Loi sur la Copie privée : inconstitutionnelle ou gestion illégale ?
de Stéphane Ternoise
© Jean-Luc PETIT - BP 17 - 46800 Montcuq
10 novembre 2013

www.ingramcontent.com/pod-product-compliance
Lightning Source LLC
Chambersburg PA
CBHW032307210326
41520CB00047B/2271